Mall : WO IST DEIN HAUS

Sepp Mall

WO IST DEIN HAUS

Gedichte

Haymon

Bibliografische Information:
Die Deutsche Bibliothek verzeichnet diese Publikation
in der Deutschen Nationalbibliografie; detaillierte
bibliografische Daten sind im Internet über
http://dnb.ddb.de abrufbar.

© Haymon Verlag, Innsbruck–Wien 2007
Alle Rechte vorbehalten
www.haymonverlag.at

Umschlaggestaltung: Haymon Verlag/Thomas Auer
Umschlagbild: Ulrich Egger
Satz: Haymon Verlag/Christine Petschauer

ISBN 978-3-85218-544-6

STAND DER DINGE

STAND DER DINGE

Noch / bleib ich hier
: im Zimmer / das sein Herz
verbirgt
Nenne die Namen der Gegenstände
(Bettel / Blume)
als gehörten sie mir

Immer noch / trag ich Wörter
herauf / aus der Kindheit
über die Stufen der Jahre
: Leuchtzeichen / leichtes
Gepäck

In ein Haus / das un-
beirrt / durch alle Fenster
atmet

ERMUNTERUNG

Sieh die Flugzeuge / die
den Himmel in Streifen schneiden
das Bett ist auf-
geschlagen / und niemand spricht
vom Sensenmann

Wenn Vater fern / am Waldrand steht
und sät
im Schwung seiner Arme
wachsen die Halme / fallen
die Bäume

An solchen Morgen (sagt
man)
ginge man / weit

EIN HAUS VIELLEICHT

Auf allen Wegen / liegt Schnee
im Atlas der verlorenen Orte
und die Spur / der Kinder-
schuhe
verliert sich
am Waldrand

Vielleicht / taucht noch ein Haus auf
im Nebel
ich gehe den Tieren nach
(ihren dampfenden Rücken)
den Kühen / im Glocken-
gebimmel
setz / meine Schritte
ins Eis (wer weiß)
: vielleicht ruft jemand noch
meinen Namen

KLEINES LIEBESLIED

Ich habe dich / auswendig
gelernt
und wenn du weg bist
sage ich dich auf

Besser / du kommst bald
ich mache lauter
Fehler

LICHT

Manchmal / an dunklen Tagen
seh ich den Baum
unter der Hand des Holzfällers
(der mein Vater war)
wie er seine Krone schüttelt
zögernd / im Verharren

Und dann doch / sich
(ergab und)
fallen ließ / berstend
über den Abhang
in einem endlosen Atemzug

Und den Himmel öffnete
in seinem Vergehen

WAS DIR GEHÖRT

Stell deine Schuhe ab
am Rand der Bilder
: wo das Schmelzwasser / sich sammelt
in ölglänzenden Pfützen

Hier band die Mutter dein Haar
(die widerspenstigen Zotteln)
und das Weihwasserkreuz
brannte sich / in deine Stirn

Tritt ein / in das Haus
der weit geöffneten Fenster
Sieh dich um
: dies ist alles / was dir
gehört

LANDEINWÄRTS

Wie die Winter / sich gleichen
in ihren Gesten
den gleichgültigen Himmeln
zwischen den Bäumen
und Tieren (im Stellungs-
wechsel / erstarrt)
auf blanken Feldern

Am Fensterbrett / ent-
ziffere ich
die Schriftzeichen der Vögel
: nachmittägliche Drohungen
im Eis
Ich warte auf die Dämmerung

Wie auf eine Geliebte

LICHTWECHSEL

WINTERWENDE

Im Schneetreiben / stand dein Gesicht
im Fenster
das Auge blank / vor Flocken

Kannst du ermessen
was die Landschaft von uns weiß
der Himmel / der hinten lauert
uns beobachtet / unsere Schritte
zählt
die Sekunden / in denen wir uns
berühren

: Lauter Fremdheit (plötzlich)
zu lernen

NEIN SAGEN

Ich seh dich von weitem / eine Stimme
die heraufreicht zu den Jalousien

Wenn du mein Haus betrittst
werden die Dinge kleiner

Für dich haben wir keine Sessel

Langsam lerne ich nein sagen
und die Augen zu schließen

Und die Bäume wachsen / und der Tag
geht auch ohne dich

Vielleicht gibt es / andere
die deinem Schweigen stand-
halten

LICHTWECHSEL (I)

Als wärs ein / und derselbe Ton
: im Klatschen der Wellen
im Schnitt der Sense / im Gras

Und wenn die Säge sich
durchs Holz / frißt
hältst du den Atem an
Und wenn du über dem Gehen
den Abgrund / ahnst

Es ist kein Singen mehr
aber auch kein / Schrei
und ich frage dich
ob es ein Maß gibt / in dem
die Welt schwingt
: ein heiterer Pulsschlag
mitten / im Einerlei

REPLAY (SLOW MOTION)

Und manchmal nachts
stehen wir am Fenster
Im Dunkel der Gärten
liegen die Jahre
(wie abgeworfene Früchte)

Es gibt kein Entrinnen
vor dem Leuchten / des
kommenden Tags
Und es ist wieder: wie

Vor einem schweren Spiel

REKONVALESZENZ

Dann im Osterhasengrün
über die Felder / am Blickrand
wo ein blasser Horizont bleibt: aus-
gefranste Zirren über Bergketten
ferne

Ich warte auf Berührungen
Tische / über die
du deine Finger legst
oder Ameisen / die unter den Saum
der Hose kriechen

Später / in satten Sommerwiesen

LICHTWECHSEL (II)

Im Kammerflimmern / endet
das Jahr
in Wellen bricht die Nacht
über die Dinge / über das
was einem anvertraut

Wir holten Brot / sahen
den Eltern zu
wie sie starben / ver-
jagten die Fliegen

Erklärungen nützen nichts
das Zittern blieb
das Zucken der Welt
: wie Flügelschlag verendender
Vögel
den (ganzen) Nachmittag über
den kommenden Tag

NORD NORD OST

An meinem Fenster / stranden
die Wolken
(die Tragflügelboote der Nacht)
und Finsternis fließt von den Planken
von eigener Schwerkraft / blind

Noch meß ich / den Pulsschlag
der Stunden
zähle was tot ist / was
lebt
halte mich fest / am Versmaß
der Dünung (ihrem halt-
losen Gleiten)

: Wie weit / ist der auf-
gehende Tag

JAHRESTAGE

HAPPY BIRTHDAY (I)

Argloses Beginnen
: die Scheibe Brot / die an Schnee
erinnert
und an die Seele der Kindheit
rutscht von der Hand / fällt
in die Tiefe
(die wir Zeit heißen)

Und Tage / die mit-
wirbeln / wie Krumen ins Offene
: Maiandachten / voller Flieder-
farben
Haarbüschel / die ein Friseur
zusammenkehrt alle paar Monate
Und Winter aus klammen Fingern
und dem blauen Geruch / von Tafeln
Heften
: hinab / in den Zeit-
schacht

Und du / schneidest
ein neues Jahr an
wie Brot / wie Seelen-
gebäck

TAG TAG NACHT

(…)
Aber wo
sind wir / eingespannt
in welchen Zügel
welches Joch / welch
schwerer Flügel
drückt uns hinab

HAPPY BIRTHDAY (II)

Nimm mich / in deine
Zungenzange
ins Weite der Wörter
führ mich / in helle Zimmer
Räume im ersten Licht

Über die Silben hinauf
in einen Satz / den man
leichten Schrittes durch-
mißt

Vor uns / liegt dieses Jahr
(-tausend)
: als wärs ein Haus
in der Nacht

HAPPY BIRTHDAY (III)

(…)
Was dir gehört
ist das / was du verloren
Was dir noch bleibt
ist ungeboren

MITTER NACHT / MEZZA NOTTE

(für Gerhard K.)

Nun sind die Felder
in Kälte getaucht / der Himmel
schnappt nach Atem
der Tod / sitzt mitten
im Gedicht
er spricht / er flüstert
jede Zeile mit
hängt seine Sichelchen / in mein
Gebet

Die Sterne ziehen rasch vorbei

IM VERRINNEN DER STUNDEN

Dafür gibt es keinen Trost
: die zerfetzten Flügel
werden nicht mehr ersetzt

Heilen
ist auch so ein Wort
das an diesem Tag
jeder spricht / das
niemandem nützt

HAPPY BIRTHDAY (IV)

Lebe / sagt man
misch dich ein
ins Stimmengewirr
denn das ist zu wenig / eine
gelungene Stunde
ein fragender Blick / als versöhnliche
Geste

Misch dich ein
(heißt es)
sprich / und widersprich

Als wäre dies nichts
: ein Tag / mit erfüll-
baren Wünschen

HAPPY BIRTHDAY (V)

Auf herbstlichen Feldern
stehen die Schafe
in aufgelösten Verbänden

Man fährt vorbei / sagt sich
auf Wiedersehen
wie mans gelernt / weiß
alle Hirten tot

(Tröstlich)
verwahrt / in tieferen Kammern
aus denen Tiere fliehen
voller Gier
und kreuz und quer

: Als wär deine Zeit / nicht
abgelaufen

LAST EXIT (KLEINE ZUVERSICHT)

In solchen Stunden / fiele
das Abschiednehmen
leicht
: Brauchst nur / dem Pochen
der Wälder zu folgen
dem Zug der Wildenten
(über alle Verkehrs-
regeln hinweg)

Oder dem Rade-
brechen / des Herzens

Wenn der Sommer (dir)
bis in den Mund reicht
und dein Haus / geschultert ist
: schnecken-
gleich

FRÜHE SPIELE

FRÜHE SPIELE (I)

(für Ulrich E.)

Dann kam November
warf sich / über die Felder
Ich suche ein Bild dafür
eins mit genagelten Schuhen
: Eisenspitzen / stürzende Vögel
ein Bild
das die Kälte bewahrt

Wir trugen Steine / hinaus aus den
windigen
Äckern
die feuchte Erde / klumpte
zwischen den Händen
deine Fingernägel / schwarz
wie der Tod

FRÜHE SPIELE (II)

Nachts waren wir / Jäger
das erlegte Wild auf den Schultern
Die Gedärme dampften noch
als die Träume uns ließen
Wir liefen wie Hasen
Gejagte / die plötzlich ins Nichts
stürzen

Am Morgen / schreckten wir auf
vom Sirren der Telefondrähte
von den Geräuschen des fallenden
Schnees / wattig dumpf
Unsere Kindheit lag bloß
: wie aus-

geschüttet auf einer Flucht

FRÜHE SPIELE (III)

Alles hinterläßt seine Abdrücke
: Krähenfüße / Fuß-
tritte / Tretminen

Die Kinderschuhe im Eis / hörst du
das Knirschen
Die roten Punkte im Schnee
waren Vogelbeeren oder Blut
Wo läufst du hin / was fassen
deine Hände an
Ist es Kohlenstaub /Sonnen-
licht
hat es Gewicht

AN HEISSEN TAGEN (I)

Und manchmal / tief
in den verhaßten Zimmern
der moosige Geruch von Quellen

Naß / das aus der Erde leckte
über die Seiten der Fibeln
(über Tafeln und Hefte)
anschwoll / zum Strom

Und im Fiebertraum / legt sich
das Rauschen der Flußschnellen
über unser Gemurmel
(immer noch)

Wie ferne Verhöhnung

AN HEISSEN TAGEN (II)

Das Wissen der Bücher floß
an uns vorbei / es waren
andere Spiele
auf die wir brannten

Wie das billige Papier
knisterte in den Flammen
und die Buchstaben sich krümmten / all
die Namen der Flüsse
der Ströme der Welt
(vom Nil bis zum Rhein)
: nutzloses Naß

Feuer / brüllte die Klasse
im Chor / unseren Durst
konnten wir nur mit Asche
löschen

NACH DEM SCHLUSSPFIFF

Mit pfeifenden Lungen / standen wir
: Sieger
lachten den Gegnern nach
die sich davontrollten / ins Aus

Daß ihre Trikots / schwarz
waren vom selben Schlamm
: damit wußte ich nichts
an-
zufangen

Und abends im Bett
bevor der Schlaf / uns hinabzog
auf andere / verwegenere Rasen
: keinen Augenblick / hätt ich
daran gedacht
daß draußen noch jemand
auf uns / lauert

AN VATERS HAND

Und trotzdem wars / als
ginge man / mitten im Text
hielte sich fest an den flach
atmenden Sätzen
die ihm das Gras / schrieb
(sein beständiger Wuchs)
oder die / Jahreszeit

Und wenn der Herbst
sein Kapitel / schloß
(von einem Tag auf den andern)
blätterten wir einfach um
(wie wirs / gelernt)
auf eine schneeweiße Seite

Voller Hasenspuren / vor-
sichtiger Tritte
ins Licht

WO IST DEIN HAUS

WUNDRÄNDER

Rauch stand / über den Wäldern
und Hunde bellten
den Nachmittag lang

Und Vögel im gemaserten Himmel
und ferne Rufe
jenseits der Dämme

Ich trug es mit / als ich
davonlief
trag es mit mir
: bis heute / Hunde-
gekläff / das Hecheln
im Herzen

STILLSTEHEN

Am Grenzzaun / zerfließt die Zeit
das Schrittmaß wird kleiner
von Tag zu Tag
Was bleibt / ist der Durst
ein verstummtes Verlangen

Nach leeren Booten / ge-
deckten Tischen

Aber die Wasserstraßen / endeten
im Nichts
(oder im Lager auf Lampedusa)
Immer noch / fällt
vom Saum der Erde
wer eine andere Ordnung
begehrt

WO IST DEIN HAUS (I)

Auch
wir kennen diese Landschaften
in Schnee getaucht
: das Eis unter der Zunge
Krähenschlag / über den Weihern
die Wörter erstarrt im Verdrehen

Und immer wieder hilflos
neben den Rädern
die durchdrehen / morgens
: wer weiß / wann
wir wegkommen

Dem Stammeln einen Namen
zu geben

WIE LANG IST ES HER

Immer wieder Jahrestage
(zu feiern)
Der Briefträger bringt Zeitungen
ins Haus mit Schnee
oder schwarzer Erde im Frühjahr
leise / um deinen Schlaf
nicht zu stören / deine Atemzüge
die die Jahre zerteilen

Zwischen den Zeilen manchmal
ein Wort
das ins Gedächtnis schlägt / so
wie der Postmann die Tür ins Schloß
: und später dann in der Kneipe
uns zutrinkt
durchs Fenster / winkend

SICH BEUGEN

Gelernte Gesten / sich
beugen über die Karten
der freundlichen Länder / Finger quer
durchs Geäder
: Baumstümpfe Fluß-
arme
das Pulsieren / an dessen Quelle
niemand mehr sitzt

Wo ist mein Haus / wo
findet sich die Tür
aus der man hinaus-
tritt / ins Blaue

CEUTA, MELILLA

Einer hat deinen Namen gesagt
im Wegdrehen
zwischen den Zäunen
für sich geflüstert
an diesem Ort
wo ein Wort / ins andere
stürzt: wie Wasser
aus überflüssigen Himmeln

Nichts hält / da
wo du hintrittst / ist die Spur
schon verwischt / was
von den Lippen bricht
hat nie jemand gehört

(weder mir / noch dir)

EISBLUMEN, FLUSSABWÄRTS

Die Bücher / haben keinen Namen
für euch (Wandernde)
der bliebe
über den Winterfrost hinaus
Im Vorbeigehen / streifte ich
ein Blatt / zahnbewehrt
: Auch andere / halten sich fest
am Verschwinden

SPÄTER, IRGENDWANN

Oder die Landskizzen / aus den Schul-
heften der Kinder
: Flüsse / die ungelenk über die Berge
springen (hierhin dort-
hin)
und Wasser tragen
von der Adria / direkt ins Schwarze Meer

Wer weiß / wer
diese Adern mitnimmt
in ein späteres Leben
oder die Vorstellung davon
daß es eine Weite gab
(wenn man nur wollte)

VON VOLLEN BOOTEN

Wir haben Wortklammern
gelegt / über alles
was war

Die Zunge versperrt
mit Brot
mit pappigen Krumen
: das geht vorbei / dachten wir
und lauschten dem Rauschen
des Bluts / am Trommel-
fell entlang

Dem Fluß / der seinen Takt schlug
sein Maß hatte
im Unausweichlichen

VON AMTS WEGEN

Rapport: Die Scherben
sind angerichtet
die Zäune / gespannt
Heute kommt keiner mehr

Breit / die Einsamkeit aus
über die Wassergräben
und Minenfelder
Laß / die Hunde los

WO IST DEIN HAUS (II)

(für Dragica R.)

Und etwas / gibt es
das bleibt
in dieser offenen Landschaft
: der Wellenschlag
der Kreis um den Stein
(das Uferlose)

Geöffnete Gatter / gehalten
von freundlicher Hand
Weg-
weiser / die hoch
über die Berge zeigen / wo
dein Haus anfängt
dein Haus zu Ende ist
(verschwimmend im Blau)

AUF LEEREN FELDERN

UND DANN (I)

Immer / eine Ahnung von Frost
in den Weinbergen
von Nebelschwaden / voller Raben
Wir standen im Acker und dachten
dem Sommer nach / der lang-
sam verging
: bevor wir uns
in die Furche beugten / die Spur
deiner Väter

Und dann sprachst du vom Lieben
von Farben wie Blut / wie
das von Stieren
in spanischen Arenen
Und über deine Arme troff
der Saft der Beeren / zuckrig
ins Weiß der Achsel-
höhlen

UND IRGENDWANN

Und irgendwann die Müdigkeit / die
die Farben verschwimmen läßt
(im Laub der Rebstöcke)

Dein Zupfen am Rocksaum / das Gras
das überall kitzelt
das Rot deiner Zunge

Und dann muß es Stunden geben / Jahre
in denen die Liebe leicht-
fällt

WEITER DRAUSSEN

In der Gischt fransen die Wörter aus
wie Wolken
im lichten April
und der Wind / treibt
Musik von den Häusern her
Stücke aus zerbrechendem Glas
Hier / kannst du mich berühren
(sagst du)
im Niemandsland
im Gestrüpp / zwischen den Jahren

UND DANN (II)

Dann Schnee / über den Wein-
gärten / die aus-
gelesenen Zeilen hinauf in die Hänge
: immer noch Vögel

Das Feuer verstummt / leiser
die Farben
(im Flockengetümmel)
wenn ich an all / die Stunden denke
die wir ver-
spielt

Und du sprachst vom Lieben
vom Morgen / der kommt
: auf deinen Wangen schmolzen
Kristalle / un-
ermüdlich

VON HIER NACH DORT

(Haide bei Burgeis)

Über die Schlangenlinie
des Asphalts
singen die Motoren
das Lob / der Landschaft
und meine Sehnsucht / fällt
ein
ins leise Stöhnen der Lkws

Immer noch / hört man
das Wort
von unerreichten Horizonten
von Glück und Glas
Und über die / Sichtfenster
(im Gegenlicht abends)

Schleppen Schnecken / ihr Haus
ihr (ganzes) Leben

FADING OUT

Und manchmal / stockt der Film
mitten im Schwirren der Flügel
im Summen der Rotoren

Die Kinder spielten wieder Krieg
am hellen Nachmittag / auf
leichten Barrikaden
: sonnendurchbohrt

Und niemand weiß / wann
es zu Ende geht
In den stehengebliebenen / Bildern
läuft ein Hund durch
: ein mager erschrecktes Tier

Und im Abgrund unter den Pfoten
ists / als verglimmen die Farben

SO KAM ICH ZU DIR

Und manches / verliert sich
fällt ab
und manches / nehme ich mit mir
von Bahnsteig zu Bahnsteig
als bröckelnden Kitt
an der Soll-
bruchstelle des Herzens

Das Harz der Fichtenwälder
(im Haar)
trocknet im Fahrtwind / der Züge
Noch
trägt mich die Erde / der Kartoffeläcker
an meinen Schuhen

WER WEISS

Vielleicht waren es
ihre schmalen Beine / an
der Kante des Betts
das sie nie mehr / verließ
der kleine Abgrund / zwischen Fuß-
sohle und Boden

Oder ihr / schwebender Blick
an uns vorbei
in den verschwimmenden Himmel
(das stille Zittern der Pupillen)

: Daß mich deine Mutter
an Tänzerinnen denken ließ / (zuletzt)
wer weiß

AUF LEEREN FELDERN

(für Hildegard U.)

Wie an Sommer-
tagen / die Luft sich
an die Körper der Vögel
schmiegt
(an ihre pfeil-
schnellen Schwingen)

So / dachte sich meine Hand
dein Haar
dein pulsendes Herz

Und dann bleib ich doch
: seh ihrem Flug nach
den endlosen Schlaufen
(im Kreisen der Stunden)

Und nichts / ist verloren

Inhalt

STAND DER DINGE   5

Stand der Dinge   7
Ermunterung   8
Ein Haus vielleicht   9
Kleines Liebeslied   10
Licht   11
Was dir gehört   12
Landeinwärts   13

LICHTWECHSEL   15

Winterwende   17
Nein sagen   18
Lichtwechsel (I)   19
Replay (Slow motion)   20
Rekonvaleszenz   21
Lichtwechsel (II)   22
Nord Nord Ost   23

JAHRESTAGE   25

Happy birthday (I)   27
Tag Tag Nacht   28
Happy birthday (II)   29
Happy birthday (III)   30
Mitter Nacht / Mezza Notte   31
Im Verrinnen der Stunden   32
Happy birthday (IV)   33
Happy birthday (V)   34
Last exit (Kleine Zuversicht)   35

FRÜHE SPIELE	37
Frühe Spiele (I)	39
Frühe Spiele (II)	40
Frühe Spiele (III)	41
An heißen Tagen (I)	42
An heißen Tagen (II)	43
Nach dem Schlußpfiff	44
An Vaters Hand	45
WO IST DEIN HAUS	47
Wundränder	49
Stillstehen	50
Wo ist dein Haus (I)	51
Wie lang ist es her	52
Sich beugen	53
Ceuta, Melilla	54
Eisblumen, flußabwärts	55
Später, irgendwann	56
Von vollen Booten	57
Von Amts wegen	58
Wo ist dein Haus (II)	59
AUF LEEREN FELDERN	61
Und dann (I)	63
Und irgendwann	64
Weiter draußen	65
Und dann (II)	66
Von hier nach dort	67
Fading out	68
So kam ich zu dir	69
Wer weiß	70
Auf leeren Feldern	71

Die Arbeit an diesem Buch wurde unterstützt vom Österreichischen Bundeskanzleramt und von der Südtiroler Landesregierung.

Sepp Mall im Haymon Verlag

LANDSCHAFT MIT TIEREN UNTER STRÄUCHERN HINGEDUCKT
Gedichte
264 Seiten, Hardcover mit Schutzumschlag,
ISBN 978-3-85218-264-3

In Malls Gedichten geht es um das genaue Hinschauen auf die Dinge des Alltags, aber auch um Grundsatzfragen der eigenen Existenz, um den Versuch, eine Sprache zu finden, die sichtbar und erfahrbar machen kann, was bleibend ist an Kindheit und Liebe, eine Suche nach dem, was erhalten werden muss. Die Suche nach einem (symbolischen) Ort, wo man noch leben kann, ist ebenfalls ein Hauptthema in Malls Dichtung.

In den geringfügigen Verschiebungen, durch die der Blick auch auf die verheerten Gegenden am Rande des eigenen Lebenskreises fällt, liegt die Wirkung von Malls Lyrik, der grosse Worte ebenso fremd sind wie schrille Effekte.
(*Taja Gut, NZZ*)

Hier ist von Lyrik zu berichten, die in der Masse des Geschriebenen auffällt. Was da scheinbar so leicht, unaufdringlich, ja behutsam auftritt, das hinterlässt tiefe Spuren.
(*Susanne Rasser, Salzburger Nachrichten*)

www.haymonverlag.at

Sepp Mall im Haymon Verlag

WUNDRÄNDER
Roman
176 Seiten, Hardcover mit Schutzumschlag,
ISBN 978-3-85218-458-6

Die berührenden Schicksale zweier Familien zwischen den Fronten der Südtiroler Bombenleger-Szene: Mall erzählt abwechselnd aus der Perspektive eines kleinen Jungen, dessen Vater aus für ihn unerklärlichen Gründen verhaftet wird und später auf mysteriöse Weise ums Leben kommt, und aus der Sicht einer jungen Frau, deren sprachgestörter Bruder Opfer eines missglückten Bombenattentats wird. Auf diese Weise zeichnet er das dichte Bild einer Zeit, die bis in intime Bereiche hinein von der Auseinandersetzung darüber bestimmt war, mit welchen Mitteln man sich gegen tatsächliche oder vermeintliche staatliche Unterdrückung zur Wehr setzen dürfe – ein Thema, das leider nichts von seiner Brisanz und Aktualität verloren hat.

Die grosse Leistung von Sepp Malls Roman ist es, genau jene Übergänge zu zeigen, in denen das ungelöste Private unversehens öffentlich wird. ... Wenn Joseph Zoderers „Die Walsche" ... das kraftvolle Sittenbild der Provinz war, so ist Sepp Malls Roman ein introvertiertes, aber nicht minder schlagendes Gegenstück.
(*NZZ, Paul Jandl*)

An vielen scheinbaren Nebensächlichkeiten zeigt sich Sepp Malls große Kunst der Erzählung.
(*Literatur+Kritik, O.P. Zier*)

www.haymonverlag.at

Sepp Mall im Skarabæus Verlag

INFERNO SOLITARIO
Drei Hörstücke und ein Theatertext
104 Seiten,
ISBN 978-3-7082-3101-3

Inferno Solitario vereint drei Hörstücke und einen Theatertext. Der Lyriker und Erzähler besticht auch in diesem Genre mit Intuition und Gespür für Klang und Rhythmus der Sprache. Zwischenmenschliche Beziehungen und Verstrickungen werden präzise ausgelotet und in poetischen Bildern kondensiert. Dramatische Texte zum Lesen, für die Bilder und Klänge im Kopf!

Wenn der Südtiroler Sepp Mall Stücke für das Radio und das Theater schreibt, inszeniert er ein großes Stimmenorchester. Dann kann er seine Herkunft als Lyriker nicht verbergen, der Texte so organisiert, dass sie dem Rhythmus der Sprache und dem Klang der Worte Gerechtigkeit widerfahren lassen.
(*Salzburger Nachrichten*)

In *Silence please* zeigt sich Malls Talent, Personen zu charakterisieren, was viele moderne Dramatiker leider gar nicht mehr versuchen. Das gilt auch für den *Mannsteufel*, der erstmals 2001 im „Theater in der Altstadt" (Meran) unter der Regie von Torsten Schilling aufgeführt wurde.
(*Literaturhaus am Inn, Silvia Tschörner*)

www.skarabaeus.at

Lyrik im Haymon Verlag

Gerhard Kofler
DIE UHRWERKSLOGIK DER VERSE/
L'OROLOGICA DEI VERSI
Gedichte
224 Seiten, Hardcover mit Schutzumschlag,
ISBN 978-3-85218-289-6

Gerhard Koflers Gedichte sind knapp und eindrucksvoll,
klingen lange nach und verzaubern den Alltag. In der
modernen Zeit der vielen nichts sagenden Worte sind
Koflers Gedichte eine kleine Kostbarkeit ...
(*Anna Lesnik, Die Furche*)

Ein Buch voller versteckter Anspielungen und Gedanken,
die zum Weiterdenken anregen, verfaßt in einer knappen,
leisen, schönen Sprache, die die Tradition des „Cantabile"
hochhält.
(*Neue Südtiroler Tageszeitung*)

Gerhard Kofler
SELBSTGESPRÄCH IM HERBST/
SOLILOQUIO D'AUTUNNO
Gedichte
96 Seiten, Hardcover mit Schutzumschlag,
ISBN 978-3-85218-490-6

… leichte Moll-Töne mit selbstironischen Einsprengseln
… Zur Muße verleitende, dichte Texte, wie sie nicht viele
schaffen.
(*Buchkultur, Helmuth Schönauer*)

Sprachartistik und Erfahrungswille halten bei Kofler
einander die Waage, sie stehen in einem prekären,
unsicheren, aber notwendigen Gleichgewicht.
(*Literatur+Kritik, Leopold Federmair*)

www.haymonverlag.at